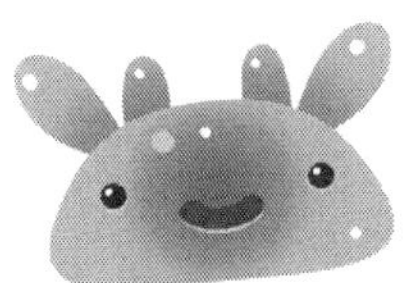

SLIME selber machen

JULE WEINBERG

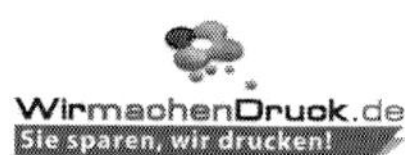

Alle Ratschläge in diesem Buch wurden vom Autor und vom Verlag sorgfältig erwogen und geprüft. Eine Garantie kann dennoch nicht übernommen werden. Eine Haftung des Autors beziehungsweise des Verlags für jegliche Personen-, Sach- und Vermögensschäden ist daher ausgeschlossen.

Email: info@edition-lunerion.de
www.edition-lunerion.de

Psiana eCom UG
Berumer Str. 44
26844 Jemgum

Vorwort

Knete war gestern, heute steht Slime auf dem Kinderspielplan! Denn das fröhlich-bunte Quetschspektakel sorgt für maximalen Spaß auf jeder Kinderparty – und wenn Sie sichergehen wollen, dass sich im Slime keine unerwünschten Chemikalien befinden, dann stellen Sie die Glibbermasse mit diesen Rezepten ganz einfach selbst her!

Kugelige Fantasiewesen formen, Glibbermatsche zwischen den Fingern durchquetschen, Slimebälle in die Länge ziehen, zwirbeln, zupfen und wieder zusammenrollen: Gibt man Kindern ein wenig Slime in die Hände, so fallen ihnen sofort allerhand kreative Möglichkeiten ein, die für Spaß und fröhliches Gelächter sorgen. Ähnlich wie bei Knete sind der Fantasie keine Grenzen gesetzt und die ganz besondere Konsistenz übt eine unwiderstehliche Faszination auf kleine Entdecker aus. Ganz nebenbei wird das Interesse für Chemie, Gestalten und Kreativität geweckt und obendrein kann das freie Kneten ähnlich wie Anti-Stress-Bälle Anspannung reduzieren und Ausgeglichenheit fördern. Grund genug, den Slime auf der nächsten Geburtstagsparty die Hauptrolle spielen zu lassen, und mit den Rezepturen in diesem Buch stellen Sie eine Riesenauswahl an Varianten selbst her. Ob durchsichtig oder bunt, mit tollem Duft oder jeder Menge Glitzer, ob crunchy, fluffy oder glibberig, themenbezogen für Halloween, Ostern oder Frühling oder sogar essbar für die kleinsten Knetkünstler, hier entdecken Sie passende Slime-Rezepte für jeden Anlass.

Guten Appetit!

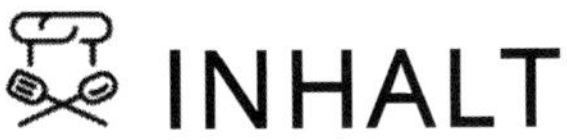

INHALT

Schleimalarm!

WAS IST SLIME?

Knete war gestern – heute knetet man mit Slime. In den vergangenen Jahren ist ein regelrechter Hype um die bunten, klebrigen Massen entstanden. Von sozialen Netzwerken, Basteltagen und Kindergeburtstagen ist der Slime nicht mehr wegzudenken.

Slime Mischungen, die es bereits fertig zu kaufen gibt, sind teils gefüllt mit Chemikalien, langweilig anzusehen und oft sehr teuer. Stellen Sie den Slime hingegen selbst her, können Sie und Ihre Kinder Ihrer Fantasie dabei freien Lauf lassen. Bereits während der Herstellung des Slimes ist der Spaß vorprogrammiert. Je nach Alter der Kinder können Sie den Knetspaß außerdem nutzen, um einen kleinen Exkurs in die Welt der Chemie zu unternehmen, und ihnen erklären, warum sich verschiedene Stoffe zu Slime anmischen lassen.

Mit diesem Buch erhalten Sie nicht nur zahlreiche Rezepte aus den verschiedenen Slime-Varianten. Sie erfahren außerdem, wie Sie mit dem Slime umgehen sollten, ihn lagern sollten und für welche pädagogischen Zwecke er genutzt werden kann.

DIE VERSCHIEDENEN ARTEN VON SLIME

Die grundlegenden Rezepte, durch die die Zutaten erst zu Slime vereint werden, sind relativ simpel. Mit einigen handelsüblichen Bastelmaterialien und etwas Knetarbeit ist der Grund-Slime schnell hergestellt. Mit weiteren Materialien können Sie diesen im Anschluss zu besonderen Formen des Slimes weiterverarbeiten.

Darunter fällt unter anderem Fluffy-Slime, welcher besonders fluffig ist. Crunchy-Slime hingegen ist mit vielen festen Materialien gefüllt. Glitzer-Slime kann nach Belieben mit glitzernden Elementen angereichert werden. Der Metallic-Slime ist durch reflektierende Materialien besonders schön anzusehen.

Einige Rezepturen verlangen bei der Herstellung etwas mehr Fingerspitzengefühl als andere. Alle notwendigen Hinweise befinden sich jedoch in den Rezepten.

SICHERHEITSVORKEHRUNGEN BEIM UMGANG MIT SLIME

Für den Großteil der Slime-Variationen wird es notwendig sein, mit Materialien zu arbeiten, die Chemikalien enthalten. Das sind beispielsweise Waschmittel, Kontaktlinsenlösung oder Kleber. Dabei ist es besonders wichtig, dass Sie die angegebenen Mengenangaben und die Reihenfolge, in der die Zutaten vermengt werden sollen, einhalten.

Kinder sollten bei dem Umgang mit Slime stets begleitet und überwacht werden. Für Kleinkinder eignet sich die Herstellung von essbarem Slime. Hier ist es nicht weiter schlimm, wenn mal eine kleine Portion im Mund landet.

Achten Sie bei der Herstellung außerdem auf die notwendige Sauberkeit. Weiteres dazu im Abschnitt mit den Tipps zur Sauberkeit.

Tipps und Tricks für den Umgang mit Slime

LAGERUNG VON SLIME

Fertiger Slime sollte stets luftdicht gelagert werden. Dazu eignen sich am besten alte Marmeladengläser oder andere Gefäße aus Glas, die sich besonders fest verschließen lassen. Lagern Sie den Slime außerdem an einem kühlen Ort. Sollten Sie eine kühle Abstellkammer oder einen Kellerraum besitzen, ist dieser gut geeignet. Doch auch im Gemüsefach des Kühlschranks ist der Slime in seinem Gefäß optimal aufgehoben.

Durch die Kälte behält der Slime nicht nur seine Form, sondern bleibt auch optisch schön. Sollte er jedoch zu warm gelagert werden, würde er zu schwitzen beginnen. Dann würden sich die Zutaten möglicherweise voneinander trennen. In diesem Fall müsste er wieder aktiviert werden. Dieser Fall wird in dem Abschnitt „Fehlerbehebung“ beschrieben.

TIPPS ZUR SAUBERKEIT

Damit Sie und Ihre Kinder lange Spaß an Ihrem selbst hergestellten Slime haben, sollten Sie ihn gut pflegen. Damit er sauber bleibt, sollten Sie sich vor dem Slimekneten gründlich die Hände waschen. Denn für den Fall, dass Schmutz oder Bakterien in den Slime gelangen, würde dieser möglicherweise anfangen, zu schimmeln oder unangenehm zu riechen.

Doch bereits bei der Herstellung des Slimes können Sie auf einige Dinge achten. Waschen Sie sich vor der Herstellung die Hände, achten Sie darauf, eine saubere Schüssel zu verwenden und den Boden oder den Tisch, auf dem der Slime seine Form finden soll, mit Zeitungspapier auszulegen. Das gilt besonders dann, wenn Sie mit färbenden Materialien arbeiten möchten.

Nachdem der Knetspaß beendet ist und der Slime umgefüllt wurde, geben Sie die verwendeten Utensilien einfach in die Spülmaschine. Besonders hartnäckige, feste Verschmutzungen sollten Sie im Vorfeld mit einem Schwamm entfernen.

FEHLERBEHEBUNG

Für den Fall, dass der Slime seine Form verloren hat und sich nicht mehr kneten lässt, muss er wieder aktiviert werden. Wie bereits im Kapitel „Lagerung“ beschrieben, kann es durch ungünstige Lagerung vorkommen, dass sich die Zutaten voneinander trennen. Dieser Prozess wird durch ein erneutes Aktivieren wieder umgekehrt.

Dabei ist es jedoch wichtig, den richtigen Aktivator zu verwenden. Einige Onlineshops bieten mittlerweile einen Grund-Aktivator an. Dieser lässt sich für alle Slimearten verwenden. Auch Kontaktlinsenlösung (Kombi-Lösung) bietet sich dafür an und ist in vielen Rezepten ein fester Bestandteil. Für Slimes, die mithilfe von Backpulver oder Natron hergestellt werden, bietet sich Natron als Aktivator an.

Sollte Ihr Slime also einmal zu klebrig, zu fest oder zu schleimig sein, mischen Sie den jeweiligen Aktivator unter den Slime und kneten Sie ihn anschließend sorgfältig durch. Der Aktivator sollte dabei stets behutsam dosiert werden. Dieser Vorgang kann nach Belieben wiederholt werden. Der Slime hat die perfekte Konsistenz, wenn er sich leicht von der Schüssel löst und nicht mehr an den Händen kleben bleibt.

SLIME ALS PÄDAGOGISCHES WERKZEUG

Der Umgang und die Herstellung des Slimes macht nicht einfach nur Spaß. Er kann unter anderem das Interesse und das Verständnis für Chemie verbessern. Doch auch aus pädagogischer Sicht ist der Umgang mit den klebrigen Massen wertvoll. Zum einen werden Tast- und Geruchssinn herausgefordert. Wird essbarer Slime hergestellt, darf auch der Geschmackssinn an dem Projekt teilhaben. Das Formen und Kneten macht natürlich Geräusche, also ist auch der Hörsinn gefragt.

Durch die verschiedenen Strukturen, Formen und Farben werden beim Experimentieren mit Slime also alle Sinnesorgane in Anspruch genommen. Beim Modellieren, Kneten und Zerkleinern des Slimes wird zusätzlich die Feinmotorik der Kinder gefördert. Das Ausprobieren verschiedener Strukturen und Materialien fördert außerdem die Kreativität.

Des Weiteren gehen Pädagogen davon aus, dass der Slime auf Kinder eine ähnliche Wirkung hat, wie Stressbälle sie auf Erwachsene haben. Angst und Stress können abgebaut werden. Ein weiterer interessanter Aspekt ist die fehlende Erwartungshaltung. Spielt man mit Knete oder Ton, hat dieses Spiel in der Regel das Ziel, etwas zu erschaffen oder zu bauen. Auch Gesellschaftsspiele haben ein Ziel, man folgt den Regeln und ein Spieler gewinnt das Spiel. Slime hingegen kann in dieser Hinsicht ohne jegliche Erwartung betrachtet werden und es geht einzig und allein um den Spaß.

EINKAUFSLISTE

- **Weißer Bastelkleber** (mit PVA)
- **Transparenter Bastelkleber** (mit PVA)
- **Wasser**
- **Rasierschaum**
- **Kontaktlinsenlösung** (Kombi-Lösung, für Aufbewahrung und Reinigung der Kontaktlinsen)
- **Natron**
- **Backpulver**
- **Glitzerpartikel und Glitzerpulver in beliebigen Farben und Formen**
- **Konfetti**
- **Lebensmittelfarbe** (flüssige Farbe eignet sich am besten)
- **Flüssiges Waschmittel**
- **Optional:** Slime-Aktivator aus dem Handel
- **Eisenpulver**

Grundlegende Slime-Rezepte

KLASSISCHER WEIẞER KLEBE-SLIME

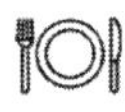
50 g

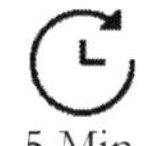
5 Min.

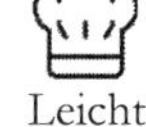
Leicht

Zutaten

100 g Bastelkleber
3 EL Rasierschaum
2 Prisen Natron
2 Spritzer Kontaktlinsenlösung

1 Vermengen Sie zunächst den Bastelkleber mit dem Rasierschaum. Dabei sollte eine klebrige Masse entstehen, die sich noch nicht von der Schüssel lösen lässt.

2 Rühren Sie jetzt das Natron unter.

3 Geben Sie im Anschluss nach und nach die Kontaktlinsenlösung hinzu und rühren Sie diese kräftig unter, bis der Slime die gewünschte Konsistenz hat.

Tipp: Dieser Basis-Schleim ist durch den Rasierschaum eher fluffig. Er kann nach Belieben mit weiteren Materialien vermengt werden.

WEIẞER KLEBE-SLIME OHNE AKTIVATOR

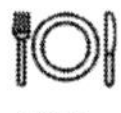
100 g

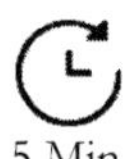
5 Min.

Leicht

Zutaten

200 g weißer Bastelkleber
150 g Wasser

1 Vermengen Sie Kleber und Wasser miteinander, bis daraus ein klebriger Klumpen entsteht.

2 Geben Sie dabei nach und nach etwas mehr Wasser oder Kleber hinzu, bis die gewünschte Konsistenz entstanden ist.

Tipp: Durch den fehlenden Aktivator ist dieser Slime Leicht zu lagern und sollte sofort genutzt werden. Nach einer längeren Lagerung sollte dann Kontaktlinsenlösung hinzugefügt werden.

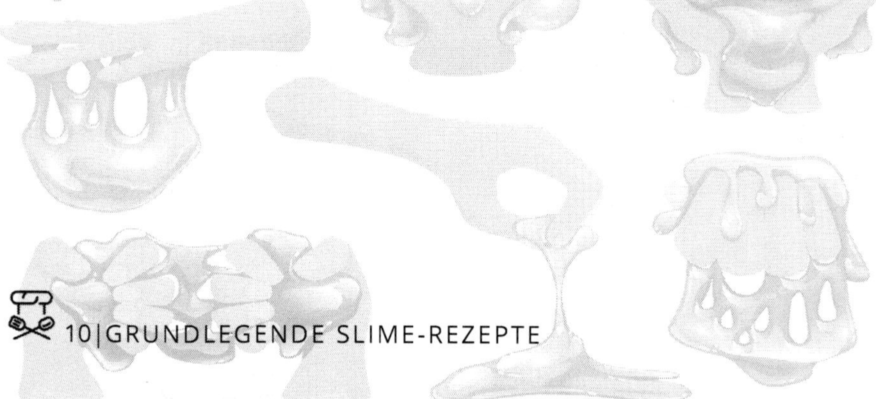

KLARER SLIME

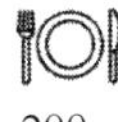 200 g

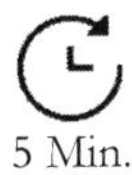 5 Min.

 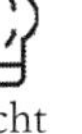 Leicht

Zutaten

100 g transparenter Bastelkleber
75 g Wasser
1 Prise Natron
2 Spritzer Kontaktlinsenlösung

1 Vermengen Sie die angegebenen Zutaten in einer großen Schüssel.

2 Der Slime sollte nicht mehr an den Fingern kleben. Fügen Sie nach Belieben etwas mehr Kontaktlinsenlösung hinzu, sollte er noch zu klebrig sein.

3 Füllen Sie den Slime jetzt in ein kleineres Gefäß und verschließen Sie ihn luftdicht.

4 Der Slime benötigt ca. 2 bis 5 Tage, bis er vollständig transparent ist.

5 Verarbeiten Sie ihn jetzt nach Belieben weiter.

Tipp: Auch mit gefrorener Ananas statt Beeren schmeckt dieser Smoothie zum Löffeln richtig toll.

SLIME MIT GLITZER

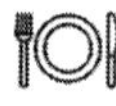 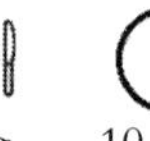 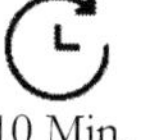 

150 g. 10 Min. Leicht

Zutaten

150 g transparenter Bastelkleber
Nach Belieben: Glitzer (in Pulverform)
Ca. 50 g Wasser

1 Vermengen Sie zunächst den Bastelkleber und das Glitzerpulver miteinander.

2 Rühren Sie jetzt nach und nach das Wasser unter.

3 Kneten Sie den Slime dabei permanent kräftig weiter.

Tipp: Nach einigen Minuten Kneten wird sich überschüssiges Wasser von dem Slime lösen. Dann sollte er die richtige Konsistenz haben.

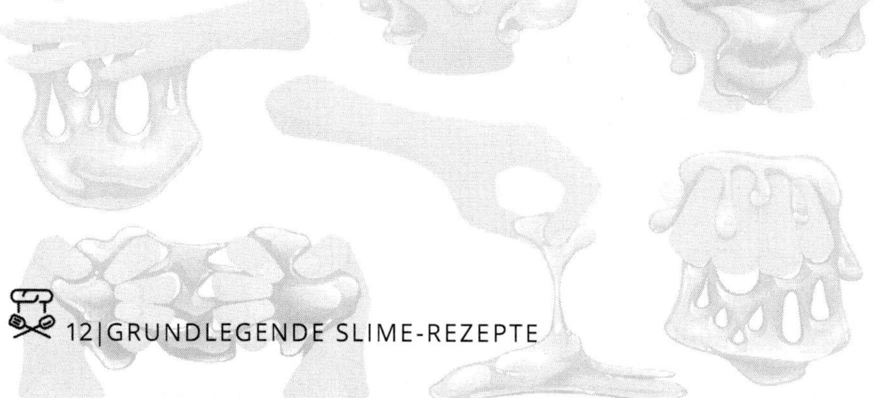

DUFT-SLIME MIT GLITZER

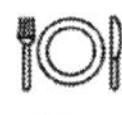
50 g

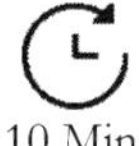
10 Min.

Leicht

Zutaten

5 EL Bodylotion, duftend
4 EL glitzernder Bastelkleber
1 Prise Natron
1 EL Wasser
1 Spritzer Kontaktlinsenlösung

1 Vermengen Sie Bodylotion und Bastelkleber miteinander.

2 Rühren Sie Natron, Wasser und Kontaktlinsenlösung unter.

3 Kneten Sie den Slime mindestens 5 Minuten lang kräftig durch. Sollte er dabei nicht die gewünschte Konsistenz erhalten, geben Sie nach und nach etwas mehr Kontaktlinsenlösung hinzu.

Tipp: Hier kann nach Belieben mit Farben experimentiert werden. Besonders interessant wird es, wenn Sie Bodylotion mit Farbe verwenden.

DUFT-SLIME MIT WASCHMITTEL

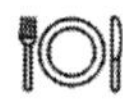 150 g

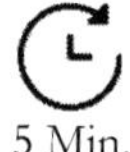 5 Min.

 Mittel

Zutaten

100 g Bastelkleber
1 EL flüssiges Waschmittel
1 Spritzer Kontaktlinsenlösung
1 EL Wasser

1 Vermengen Sie Kleber und Waschmittel miteinander, bis daraus eine feste Masse entsteht.

2 Rühren Sie jetzt die Kontaktlinsenlösung und das Wasser unter.

3 Fügen Sie je nach gewünschter Konsistenz mehr Waschmittel oder Kontaktlinsenlösung unter.

Tipp: Bei empfindlicher Haut sollten Sie bei der Herstellung dieses Slimes Einweghandschuhe tragen. Je nach Waschmittelfarbe können Sie hier zusätzlich mit Lebensmittelfarbe experimentieren, um eine andere Slimefarbe zu erhalten.

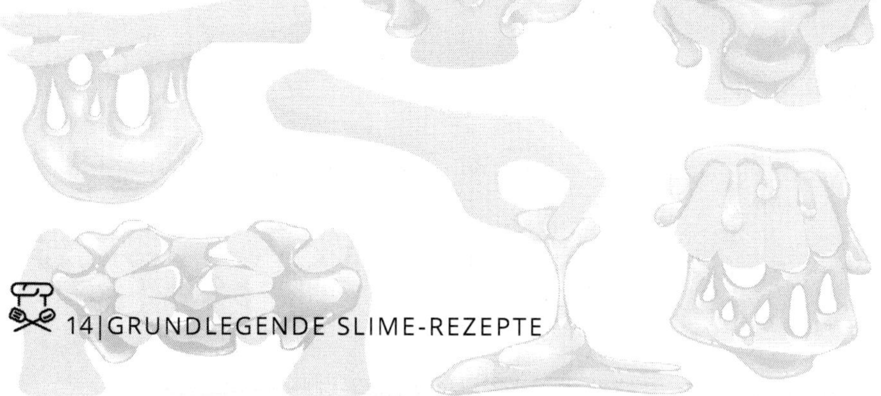

ESSBARER SLIME MIT NUTELLA

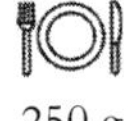
250 g

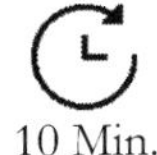
10 Min.

Leicht

Zutaten

2 EL Nutella
1 Pck. Marshmallows

1 Geben Sie die Marshmallows in eine große Schüssel.

2 Erwärmen Sie sie in der Mikrowelle bei 900 Watt für 1 Minute. Verlängern Sie diese Zeit gegebenenfalls.

3 Lassen Sie die Masse einige Minuten abkühlen.

4 Rühren Sie jetzt das Nutella unter.

5 Kneten Sie den Slime so lange durch, bis er nicht mehr an den Händen kleben bleibt.

6 Sollten Sie den Slime fester mögen, kneten Sie etwas mehr Nutella unter.

BUNTER ESSBARER SLIME

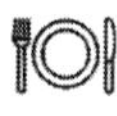

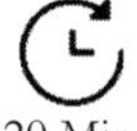

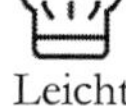

200 g 20 Min. Leicht

Zutaten

1 EL Maisstärke
1 Dose Kondensmilch
2 EL Zucker
Nach Belieben: Lebensmittelfarbe

1 Geben Sie Maisstärke, Kondensmilch und Zucker in einen kleinen Topf.

2 Erhitzen Sie die Mischung für 10 bis 15 Minuten bei mittlerer Wärmezufuhr.

3 Der Zucker sollte sich vollständig aufgelöst haben.

4 Füllen Sie den Slime in ein luftdichtes Gefäß und lassen Sie ihn abkühlen.

5 Kneten Sie nach Belieben Lebensmittelfarbe unter den Slime.

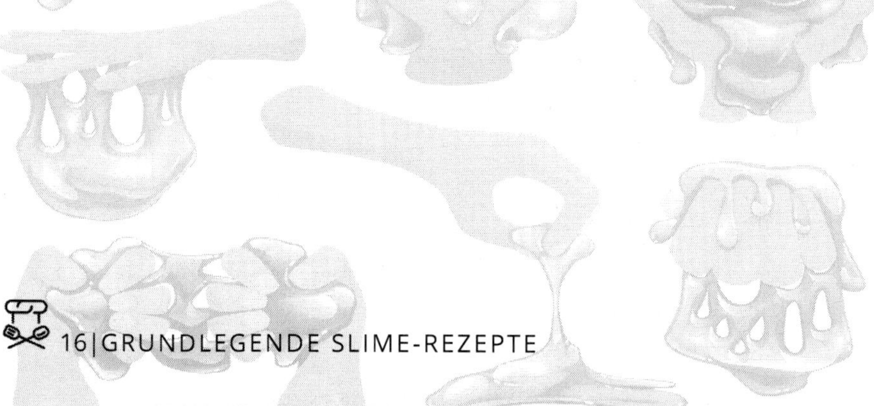

ESSBARER SLIME AUS GUMMIBÄRCHEN

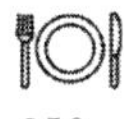
250 g

15 Min.

Leicht

Zutaten

200 g Gummibärchen
2 EL Maisstärke
1 EL Puderzucker
½ EL Kokosöl

1 Geben Sie die Gummibärchen in ein mikrowellengeeignetes Gefäß.

2 Erhitzen Sie sie für ca. 30 Sekunden bei 800 Watt in der Mikrowelle.

3 Rühren Sie jetzt die übrigen Zutaten unter und kneten Sie daraus einen festen Slime an. Dabei sollte die Gummibärchen-Masse noch heiß sein.

4 Lassen Sie den Slime einige Stunden ruhen, damit sich vorhandene Luftblasen auflösen können.

Spezielle Slime-Rezepte

BUTTER-SLIME MIT VANILLE-AROMA

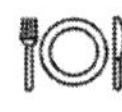 200 g

 15 Min.

 Mittel

Zutaten

6 EL Bastelkleber
4 EL Rasierschaum
½ TL Natron
6 EL Wasser
6 EL Vanillepudding-Pulver
4 TL Kontaktlinsenlösung
2 TL Babyöl

1 Rühren Sie aus Bastelkleber, Rasierschaum, Natron und Wasser zunächst eine feste Masse an.

2 Geben Sie jetzt abwechselnd Wasser und Vanillepudding-Pulver unter den Slime und kneten Sie ihn dabei ständig durch.

3 Sobald eine homogene Masse entstanden ist, geben Sie das Babyöl unter. Dadurch bleibt der Slime geschmeidig.

Tipp: Butter-Slime wird schnell trocken. Lagern Sie ihn also in einem luftdichten Gefäß und rühren Sie nach Belieben immer wieder etwas Babyöl unter.

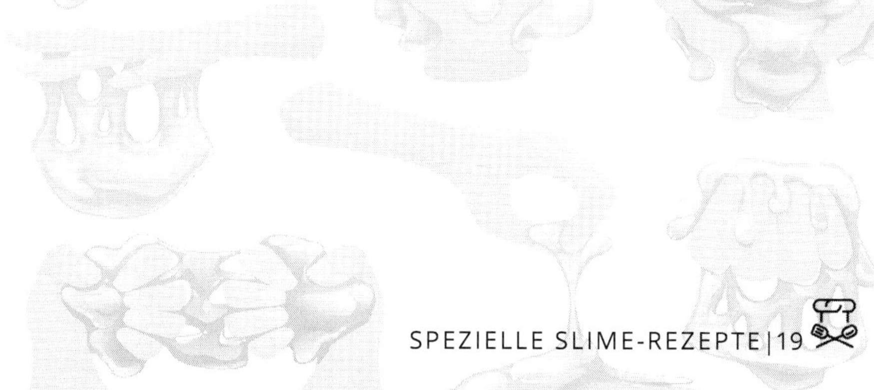

BUTTER-SLIME

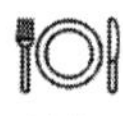
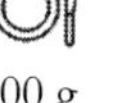
200 g

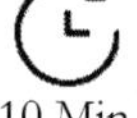
10 Min.

Leicht

Zutaten

150 g Bastelkleber
1 Pk. Backpulver
3 EL Wasser
2 TL Babyöl
2 TL Kontaktlinsenlösung
5 EL Maisstärke

1 Vermengen Sie Bastelkleber, Backpulver, Wasser und Babyöl miteinander.

2 Gehen Sie dabei sicher, dass sich die Zutaten bereits etwas miteinander verbunden haben.

3 Fügen Sie jetzt die Kontaktlinsenlösung und die Maisstärke hinzu und kneten Sie daraus festen Slime an.

4 Der Slime muss mindestens 5 Minuten lang geknetet werden, damit er die richtige Konsistenz erhält.

FLUFFY-SLIME

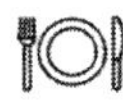
200 g

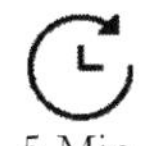
5 Min.

Leicht

Zutaten

100 g Bastelkleber
½ TL Backpulver
5 EL Wasser
100 g Rasierschaum

1 Vermengen Sie Bastelkleber, Backpulver und Wasser miteinander.

2 Geben Sie jetzt den Rasierschaum hinzu und kneten Sie den Slime gründlich mit sauberen Händen durch.

3 Nach wenigen Minuten sollte er die richtige Konsistenz haben und sich von der Schüssel lösen. Je länger er geknetet wird, desto fluffiger wird der Fluffy-Slime.

Tipp: Auch in Fluffy-Slime können nach Belieben weitere Materialien, wie Glitzer, Perlen oder Lebensmittelfarbe, verarbeitet werden.

FLUFFY-SLIME MIT DUFT

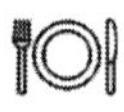
100 g

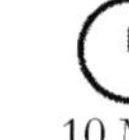
10 Min.

Mittel

Zutaten

½ TL Natron
4 EL warmes Wasser
Lebensmittelfarbe (nach Belieben)
3 EL Bastelkleber
5 EL Rasierschaum
1 TL Seife

1 Vermengen Sie das Natron mit dem Wasser so lange, bis es sich vollständig aufgelöst hat.

2 Rühren Sie im Anschluss die Lebensmittelfarbe mit dem Bastelkleber unter.

3 Geben Sie zum Abschluss den Rasierschaum und die Seife hinzu und kneten Sie den Slime so lange durch, bis der schön fluffig ist.

SLIME MIT PERLEN

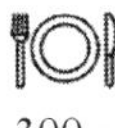 300 g

 10 Min.

 Leicht

Zutaten

100 g Bastelkleber
Nach Belieben: Lebensmittelfarbe
6 EL flüssiges Waschmittel
2 Handvoll Styroporkugeln

1 Vermengen Sie den Bastelkleber nach Belieben mit den Lebensmittelfarben, bis der Kleber die gewünschte Farbe erhalten hat.

2 Geben Sie jetzt das Waschmittel hinzu und kneten Sie den Slime einige Minuten lang durch.

3 Kneten Sie anschließend nach Belieben Styroporkugeln unter. Durch sie erhält der Slime Festigkeit, da sich die Kugeln an den Slime heften.

Tipp: Dieser Slime hat eine eher feste Konsistenz und fühlt sich durch die vielen Kugeln besonders interessant an.

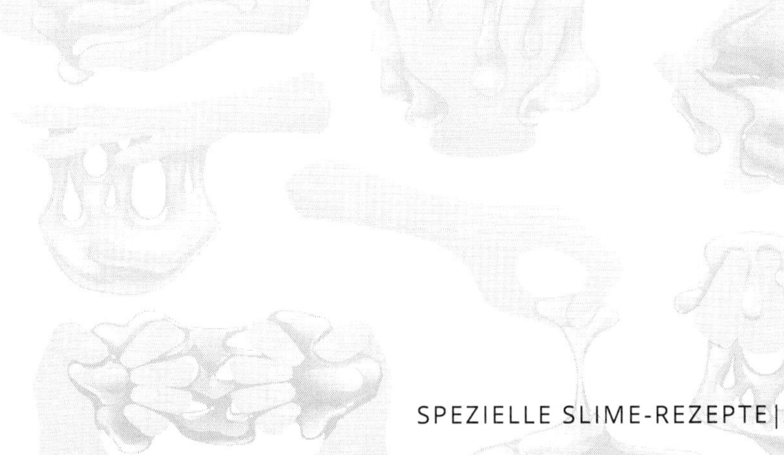

GLIBBER-SLIME

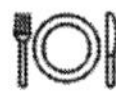
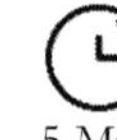
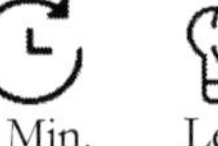

100 g 5 Min. Leicht

Zutaten

100 g Bastelkleber
Nach Belieben: Lebensmittelfarbe
2 EL flüssiges Waschmittel

1 Färben Sie den Kleber zunächst mit der Farbe ein.

2 Fügen Sie anschließend das Waschmittel hinzu und kneten Sie den Slime lange genug durch, bis er sich von der Schüssel löst.

3 Sollte er zu locker sein, oder sich nicht lösen, geben Sie etwas mehr Waschmittel hinzu.

Tipp: Dieser Slime ist besonders klebrig und wackelig. Dennoch löst er sich beim Kneten von den Fingern.

SLIME MIT ORBEEZ-PERLEN

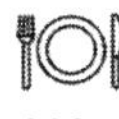  

300 g 10 Min. Leicht

Zutaten

100 g Bastelkleber
Nach Belieben: Lebensmittelfarbe
2 EL flüssiges Waschmittel
1 Spritzer Kontaktlinsenlösung
1 Handvoll Orbeez-Perlen

1 Vermengen Sie den Bastelkleber mit der gewünschten Lebensmittelfarbe.

2 Kneten Sie das Waschmittel und die Kontaktlinsenlösung hinzu.

3 Der Teig sollte nach ca. 5 Minuten Kneten die richtige Konsistenz haben. Falls nicht, sollten Sie etwas mehr Kontaktlinsenlösung hinzufügen.

4 Geben Sie jetzt nach und nach die Orbeez-Perlen hinzu und kneten Sie diese in den Slime ein.

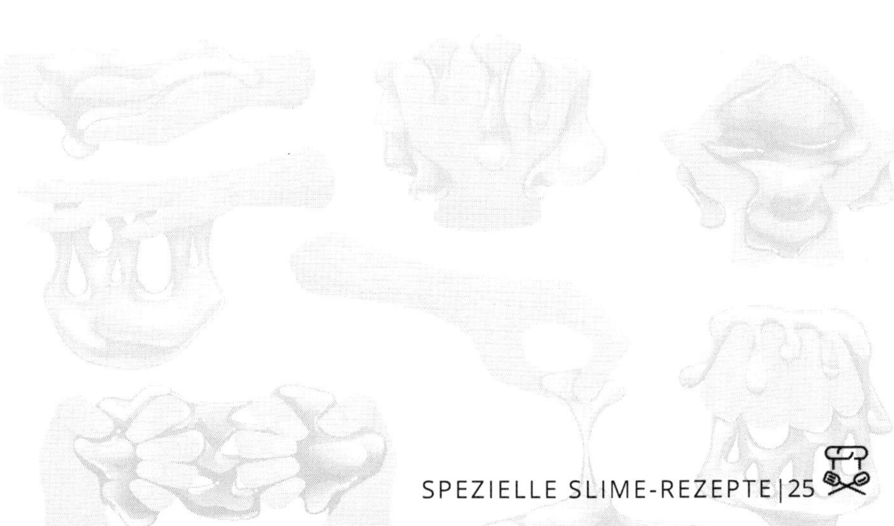

CRUNCHY-SLIME

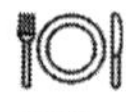
200 g

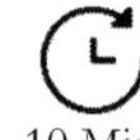
10 Min.

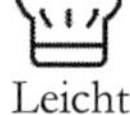
Leicht

Zutaten

1 Tasse Bastelkleber
½ Tasse Wasser
½ Tasse Speisestärke
1 Tasse kleine Schaumkugeln

1 Erhitzen Sie das Wasser, bis es dampft, und rühren Sie die Speisestärke unter.

2 Rühren Sie jetzt den Bastelkleber hinzu und kneten Sie die Masse durch, bis sie abgekühlt ist.

3 Geben Sie jetzt die Kugeln hinzu und kneten Sie den Slime noch einmal durch, bis sie vollständig verteilt sind.

EIS-SLIME

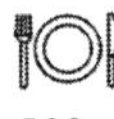
500 g

25 Min.

Mittel

Zutaten

500 g Bastelkleber
25 g Natron
25 g Kontaktlinsenlösung
30 g Deko-Schnee

1 Vermengen Sie Bastelkleber, Natron und Kontaktlinsenlösung miteinander.

2 Dabei sollte eine feste, klebrige Masse entstehen.

3 Rühren Sie zum Abschluss den Deko-Schnee unter.

4 Sollte der Slime jetzt zu fest sein, geben Sie etwas Wasser oder Kontaktlinsenlösung hinzu.

5 Kneten Sie den Slime mindestens 5 Minuten lang durch.

REGENBOGEN-SLIME

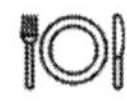
400 g

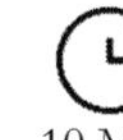
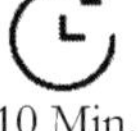
10 Min.

Leicht

Zutaten

400 g Bastelkleber
Lebensmittelfarben:
Grün, Blau, Rot, Gelb
4 TL Kontaktlinsenlösung
4 TL Natron

1 Verteilen Sie jeweils 100 g Bastelkleber auf 4 Schüsseln.

2 Färben Sie diesen in die 4 verschiedenen Farben ein.

3 Rühren Sie jetzt jeweils 1 TL Kontaktlinsenlösung und Natron unter den bunten Kleber und kneten Sie den Slime so lange, bis er die gewünschte Konsistenz hat.

4 Kneten Sie daraus lange, dünne Schlangen und legen Sie diese aneinander.

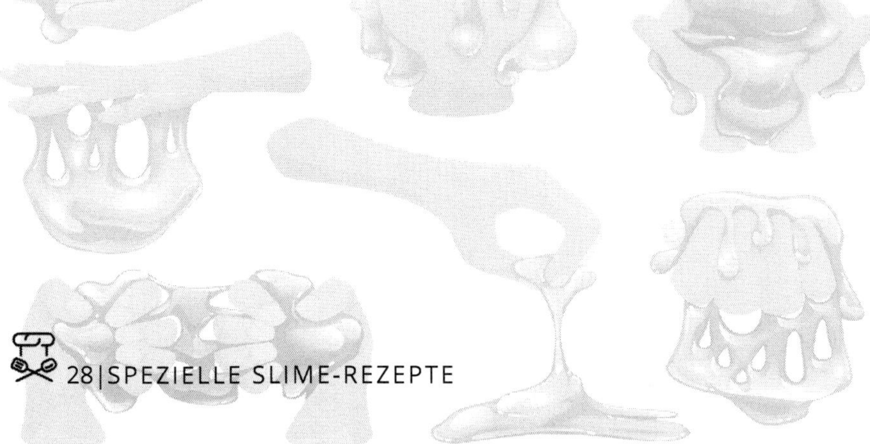

Slime mit Hausmitteln (ohne Kleber)

SCHNELLER SLIME MIT NUR ZWEI ZUTATEN

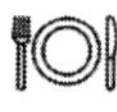
50 g

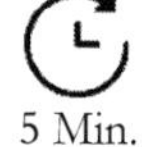
5 Min.

Leicht

Zutaten

5 EL Zahnpasta
1 Spritzer Lebensmittelfarbe

1 Geben Sie die Zahnpasta in eine kleine Schüssel und rühren Sie sie mit einem Löffel um, damit sie cremiger wird.

2 Färben Sie sie jetzt nach Belieben mit etwas Lebensmittelfarbe ein.

3 Geben Sie die gefärbte Zahnpasta bei 800 Watt für 1 Minute in die Mikrowelle.

4 Durch das Erwärmen wird die Paste klumpig.

5 Kneten Sie diese Klumpen jetzt mit den Händen durch.

SLIME MIT SEIFE

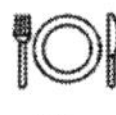
50 g

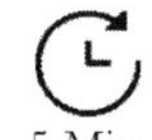
5 Min.

Leicht

Zutaten

2 EL flüssige Seife
3 EL Shampoo

1 Vermengen Sie die Zutaten einige Minuten lang mit einem Löffel.

2 Geben Sie den Slime jetzt für 10 Minuten in das Gefrierfach.

3 Dadurch wird die Masse fest und wird zu formstabilem Slime.

Tipp: Dieser Slime wird nach wenigen Minuten Formen und Kneten wieder warm und weich. Deshalb sollte er immer wieder für einige Minuten in das Gefrierfach gegeben werden.

SLIME MIT SPEISESTÄRKE

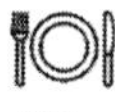
400 g

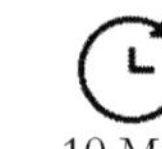
10 Min.

Leicht

Zutaten

350 ml heißes Wasser
2 Tassen Speisestärke
Nach Belieben: Lebensmittelfarbe

1 Vermengen Sie das heiße Wasser mit der Speisestärke. Achten Sie darauf, dass keine Klumpen entstehen.

2 Rühren Sie im Anschluss die Lebensmittelfarbe unter.

3 Falls der Slime dadurch zu fest wird, geben Sie etwas mehr Wasser hinzu. Sollte er zu flüssig werden, geben Sie etwas Speisestärke hinzu.

SLIME MIT MEHL UND SEIFE

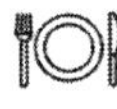 50 g
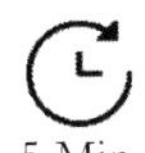 5 Min.
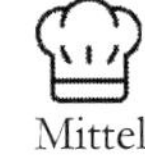 Mittel

Zutaten

1 EL Seife
1 EL Mehl
1 Prise Salz
2 EL Rasierschaum

1 Geben Sie alle Zutaten in eine Schüssel.

2 Vermengen Sie diese kräftig mit einem Löffel oder sauberen Händen.

3 Fügen Sie jetzt nach Belieben weiteres Mehl oder Seife hinzu, falls der Slime zu fest oder zu flüssig geworden ist.

Tipp: Durch den fehlenden Aktivator wird dieser Slime relativ hart und klebrig.

Themen-Slime

WEIHNACHTSGLITZER-SLIME

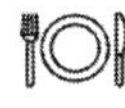 200 g

 15 Min.

 Mittel

Zutaten

150 g transparenter Bastelkleber
Sternkonfetti, rote und grüne Glitzer-Pailletten
Grüne Lebensmittelfarbe
½ TL Backpulver
1 TL Kontaktlinsenlösung

1 Rühren Sie aus dem Bastelkleber, Konfetti, Pailletten und der Lebensmittelfarbe eine bunte Mischung an, die an einen gemischten Tannenbaum erinnert.

2 Geben Sie jetzt das Backpulver und die Kontaktlinsenlösung hinzu.

3 Kneten Sie den Slime so lange durch, bis er nicht mehr an den Händen kleben bleibt. Fügen Sie, falls notwendig, etwas mehr Kontaktlinsenlösung hinzu.

WEIHNACHTLICHER SLIME

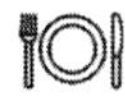
200 g

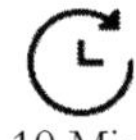
10 Min.

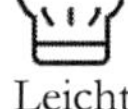
Leicht

Zutaten

100 g transparenter Bastelkleber
Rote Lebensmittelfarbe
Grüner Glitzer
1 EL flüssige Seife (optional: mit Weihnachtsduft)
1 TL Kontaktlinsenlösung

1 Rühren Sie zunächst die Lebensmittelfarbe und den Glitzer in den Kleber.

2 Fügen Sie im Anschluss Seife und Kontaktlinsenlösung hinzu.

3 Kneten Sie den Slime so lange durch, bis er sich vollständig von der Schüssel löst.

4 Falls notwendig, geben Sie weitere Kontaktlinsenlösung hinzu.

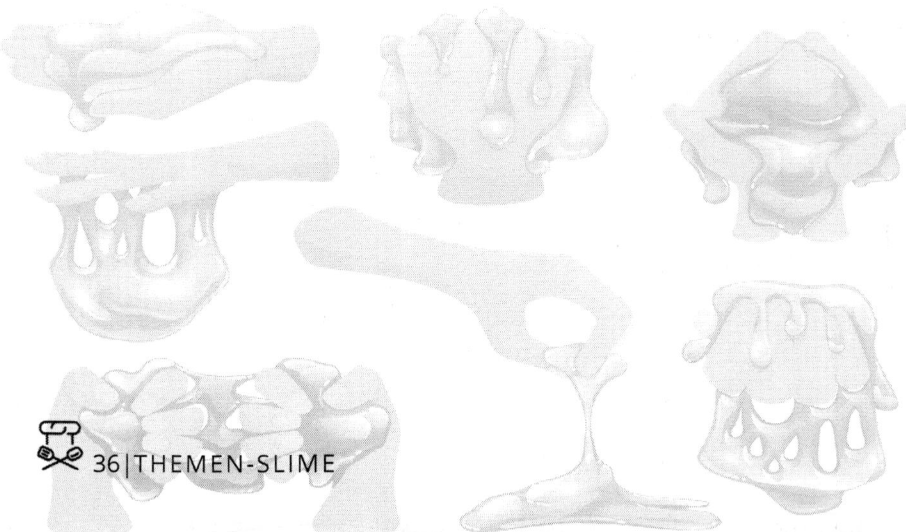

WINTER-SLIME

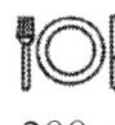 200 g

 15 Min.

 Mittel

Zutaten

150 g Bastelkleber
2 EL Wasser
1 Pk. Instant-Schnee (ergiebig für 3,5 Liter)
1 Spritzer Kontaktlinsenlösung (ggf. etwas mehr)
2 EL Bodylotion

1 Vermengen Sie zunächst das Wasser mit dem Bastelkleber.

2 Geben Sie den Instant-Schnee hinzu und rühren Sie ihn kräftig unter.

3 Kneten Sie zum Abschluss die Kontaktlinsenlösung und die Bodylotion hinzu.

Tipp: Je nach gewünschter Konsistenz können Sie mehr Instant-Schnee hinzugeben. Dann erhält der Slime eine festere und sandigere Konsistenz. Wenn er schleimiger werden soll, geben Sie etwas mehr Kontaktlinsenlösung hinzu.

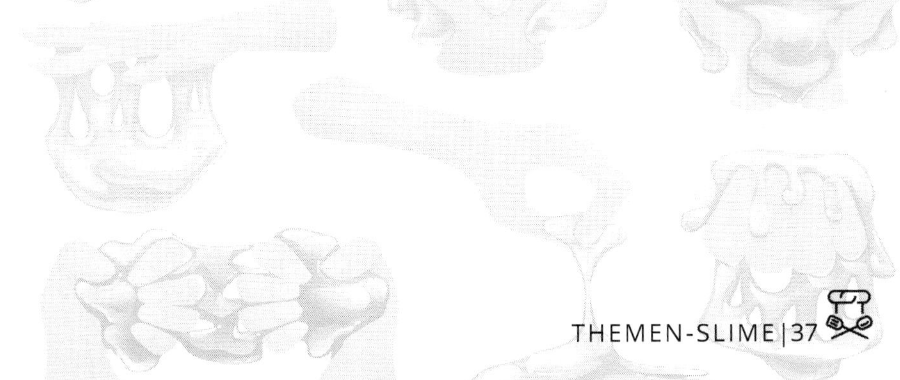

HALLOWEEN-SLIME

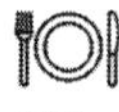
200 g

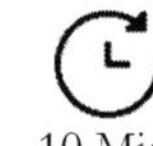
10 Min.

Leicht

Zutaten

5 Pk. Peel-off-Gesichtsmaske
Ca. 150 ml Kontaktlinsenlösung
1 TL Backpulver
Nach Belieben: Lebensmittelfarbe

Außerdem:
Wackelaugen
Plastikspinnen

1 Bereiten Sie aus der Gesichtsmaske, Kontaktlinsenlösung und Backpulver einen klebrigen Slime zu.

2 Kneten Sie den Slime mindestens 5 Minuten lang mit sauberen Händen durch.

3 Geben Sie nach Belieben Lebensmittelfarbe, Wackelaugen und Plastikspinnen in den Slime.

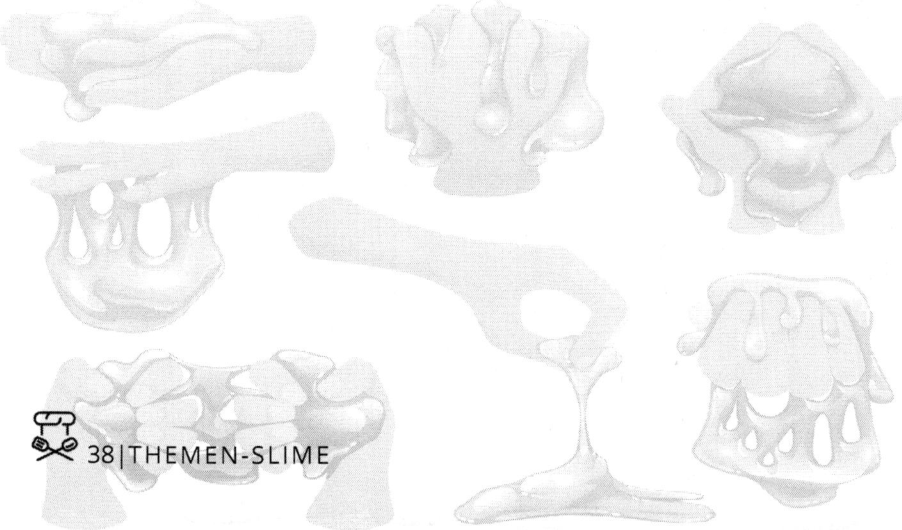

HALLOWEEN-BLUT-SLIME

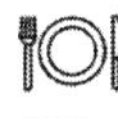
500 g

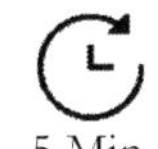
5 Min.

Leicht

Zutaten

500 g Wasser
2 TL Speisestärke
1 EL rote Lebensmittelfarbe
1 TL Kakaopulver

1 Vermengen Sie alle angegebenen Zutaten miteinander.

2 Achten Sie darauf, dass durch die Speisestärke keine Klumpen entstehen. Die Lebensmittelfarbe sollte sich vollständig verteilt haben.

OSTER-SLIME

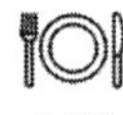 4 Gl.

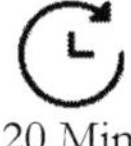 20 Min.

 Mittel

Zutaten

4 Portionen transparenter Slime
4 verschiedene Lebensmittelfarben
Bunte Pappe
Wackelaugen zum Aufkleben
Bunte Pfeifenreiniger
4 passende Schraubgläser (z. B. alte Marmeladengläser)

Außerdem:
Bastelkleber

1 Färben Sie den Slime in 4 verschiedene Farben Ihrer Wahl ein.

2 Verteilen Sie diesen auf die 4 Schraubgläser und verschließen Sie diese fest.

3 Schneiden Sie aus der Pappe jetzt 4 Paare Hasenohren in der jeweiligen Farbe aus.

4 Kleben Sie diese mit Bastelkleber auf die Verschlüsse der Gläser.

5 Formen Sie aus den Pfeifenreinigern Nasen und Schnurrhaare für die Hasen im Glas und befestigen Sie diese ebenfalls mit Bastelkleber.

6 Kleben Sie die Wackelaugen auf die passende Stelle.

7 Nun sind die bunten Oster-Slime-Hasen bereit zur Dekoration oder zum Verschenken.

Tipp: Diese Bastelidee lässt sich natürlich auch mit anderen Tieren oder Motiven umsetzen.

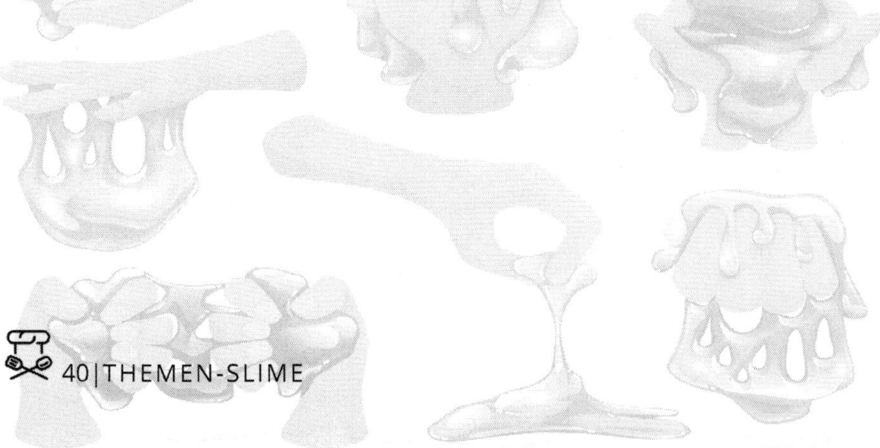

FRÜHLINGS-SLIME

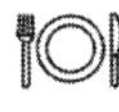
200 g.

10 Min.

Leicht

Zutaten

200 g transparenter Bastelkleber
Gelbe Lebensmittelfarbe
1 Prise grüner Glitzer
1 Prise gelber Glitzer
Einige Glitzer-Blumen
1 Prise Natron
1 Spritzer Kontaktlinsenlösung

1 Vermengen Sie den Bastelkleber mit der Lebensmittelfarbe, bis ein kräftiges Gelb entstanden ist.

2 Geben Sie den Glitzer und die Blumen hinzu und rühren Sie diese kurz unter.

3 Fügen Sie zum Abschluss das Natron und die Kontaktlinsenlösung hinzu.

4 Kneten Sie den Teig so lange, bis er sich gut von den Händen löst.

SILVESTER-SLIME MIT KONFETTI

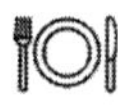
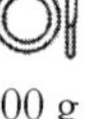
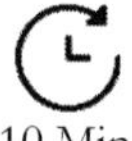

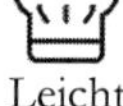

200 g | 10 Min. | Leicht

Zutaten

200 g transparenter Bastelkleber
1 Handvoll Konfetti
1 Prise silberner Glitzer
1 Prise Natron
1 Spritzer Kontaktlinsenlösung

1 Vermengen Sie zunächst den Bastelkleber mit dem Konfetti und dem Glitzer.

2 Rühren Sie die Mischung so lange um, bis sich alles zu einer homogenen Masse vermengt hat.

3 Kneten Sie jetzt mit sauberen Händen das Natron und die Kontaktlinsenlösung in den Slime ein.

4 Sollte sich der Slime noch nicht von den Händen und der Schüssel lösen, fügen Sie etwas mehr Kontaktlinsenlösung hinzu.

5 Lassen Sie den Slime 1 bis 2 Tage ruhen, damit sich die Luftblasen auflösen können. Halten Sie das Slime-Gefäß dabei geschlossen.

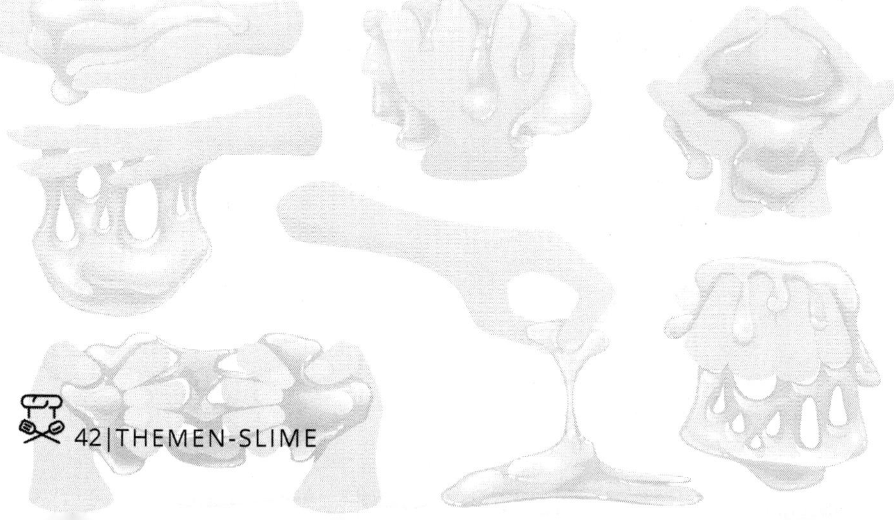

VALENTINSTAGS-SLIME

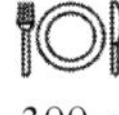 300 g
 10 Min.
 Mittel

Zutaten

100 ml warmes Wasser
200 g Bastelkleber
½ TL Backpulver
1 TL Natron
1 Handvoll Styroporperlen, rosa, weiß, rot

1 Vermengen Sie Wasser, Bastelkleber und Backpulver miteinander.

2 Geben Sie das Natron hinzu und kneten Sie alles zu einer homogenen Masse.

3 Kneten Sie zum Abschluss die Styroporperlen unter den Slime.

4 Sollte der Teig noch an den Händen kleben bleiben, geben Sie etwas mehr Natron hinzu.

Fortgeschrittene Slime-Rezepte

GALAXIE-SLIME

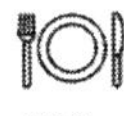
300 g

10 Min.

Leicht

Zutaten

300 g transparenter Bastelkleber
Silberner Glitzer
2 EL blaues Flüssigwaschmittel

Nach Belieben:
Lebensmittelfarbe

1 Vermengen Sie den Kleber mit dem Glitzer. Verwenden Sie ausreichend Glitzer, damit der Slime an eine echte schimmernde Galaxie erinnert.

2 Kneten Sie jetzt das Waschmittel unter, bis sich der Slime von der Schüssel löst.

3 Falls notwendig, wiederholen Sie diesen Vorgang, gehen Sie dabei jedoch sparsam mit dem Waschmittel um.

4 Färben Sie den Galaxie-Slime jetzt nach Belieben weiter mit Lebensmittelfarbe ein.

BARREL-0-SLIME – PECHSCHWARZER ÖL-SLIME

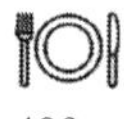
400 g.

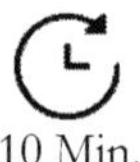
10 Min.

Mittel

Zutaten

1 TL Natron
4 EL heißes Wasser
100 ml Bastelkleber
Schwarze Lebensmittelfarbe (optional: Kohletabletten)
300 ml Wasser
4 EL Kontaktlinsenlösung
2 EL Babyöl

1 Vermengen Sie das Natron mit dem heißen Wasser, bis es sich vollständig aufgelöst hat.

2 Färben Sie den Bastelkleber mit der Lebensmittelfarbe oder den Kohletabletten tiefschwarz ein.

3 Vermengen Sie Bastelkleber, Wasser, Kontaktlinsenlösung und das angerührte Natron miteinander.

4 Kneten Sie den Slime mindestens 5 Minuten lang, bis er sich vollständig von den Händen und der Schüssel löst.

5 Geben Sie zum Abschluss das Babyöl über den Slime und kneten Sie es darin ein.

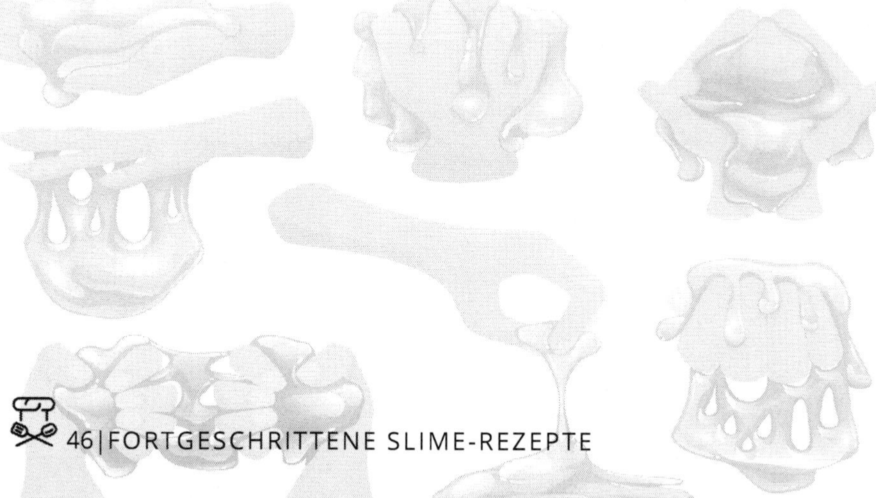

MAGNETISCHER SLIME

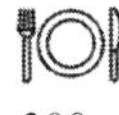
300 g

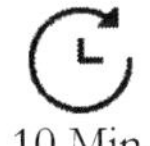
10 Min.

Mittel

Zutaten

100 g Bastelkleber
6 EL flüssiges Waschmittel
30 g Eisenpulver

1 Vermengen Sie Bastelkleber und Waschmittel miteinander, bis eine feste Masse entsteht.

2 Der Slime sollte sich von der Schüssel und den Händen lösen.

3 Rühren Sie jetzt vorsichtig das Eisenpulver unter.

4 Prüfen Sie mit Magneten jetzt, ob die Wirkung des Eisenpulvers ausreicht. Falls nicht, fügen Sie mehr Pulver hinzu.

Achtung: Lassen Sie Kinder nicht unbeaufsichtigt mit dem magnetischen Slime oder den Magneten spielen. Tragen Sie beim Kneten außerdem Einweghandschuhe und achten Sie darauf, dass das Pulver nicht staubt.

HOLO-SLIME

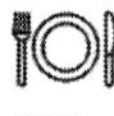
300 g.

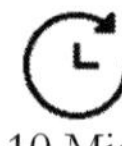
10 Min.

Leicht

Zutaten

200 g transparenter Bastelkleber
Ca. 50 g Holo-Glitzer
1 Spritzer Kontaktlinsenlösung

1 Vermengen Sie zunächst den Bastelkleber und den Holo-Glitzer miteinander.

2 Geben Sie jetzt nach und nach etwas Kontaktlinsenlösung hinzu und kneten Sie den Slime dabei gut durch.

3 Lassen Sie den Slime 1 bis 2 Tage in einem geschlossenen Gefäß ruhen, damit sich die Luftblasen auflösen.

Tipp: Für einen kräftigen Holo-Effekt nutzen Sie verschiedene Formen und Farben Holo-Glitzer. In der Sonne glitzert er besonders stark.

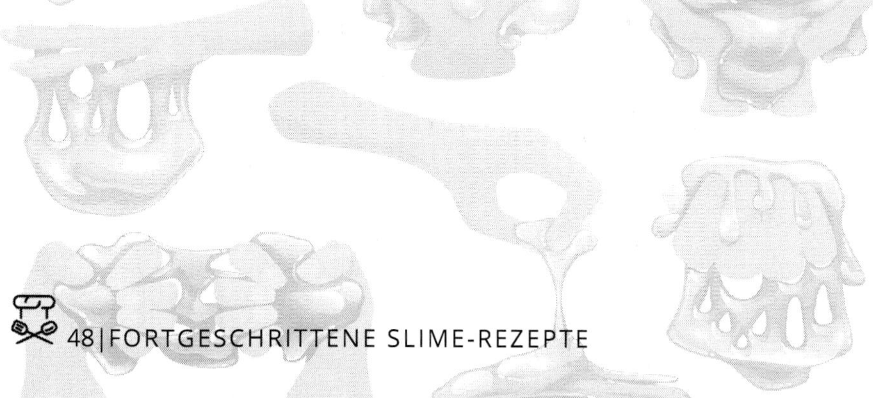

GLOW-IN-THE-DARK-SLIME

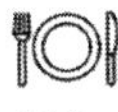
100 g

10 Min.

Mittel

Zutaten

100 g Bastelkleber
Nach Belieben: Lebensmittelfarbe
2 EL flüssiges Waschmittel
2 TL „Glow-in-the-dark"-Gel

1 Vermengen Sie den Kleber mit etwas Lebensmittelfarbe, bis der Kleber die gewünschte Farbe erhalten hat.

2 Rühren Sie jetzt das Waschmittel unter und kneten Sie den Slime so lange, bis er sich von den Händen löst.

3 Kneten Sie jetzt das Glow-in-the-dark-Gel ein.

4 Überprüfen Sie die Leuchtfunktion und fügen Sie, falls nötig, etwas mehr Gel hinzu.

5 Sollte der Slime durch das Gel zu fest werden, geben Sie etwas mehr Waschmittel hinzu.

Tipp: Für einige Glow-in-the-dark-Gele oder Farben werden UV-Lampen benötigt. Andere funktionieren, indem sie Tageslicht „speichern".

METALLIC-SLIME

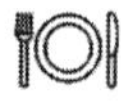 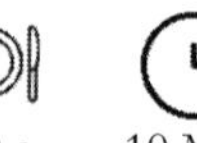 

400 g. | 10 Min. | Leicht

Zutaten

400 g transparenter Bastelkleber
2 EL Metallic-Farbe (Gold oder Silber)
1 Prise Natron
1 bis 2 Spritzer Kontaktlinsenlösung

1 Vermengen Sie zunächst die Farbe mit dem Bastelkleber. Achten Sie darauf, dass sich die Farbe gleichmäßig verteilt hat.

2 Kneten Sie jetzt das Natron und die Kontaktlinsenlösung unter den Kleber.

3 Rühren Sie ggf. noch einmal Farbe unter.

4 Falls sich durch das Kneten starke Luftblasen gebildet haben, lassen Sie den Slime einen Tag lang ruhen.

WACKEL-SLIME MIT FARBWECHSELFUNKTION

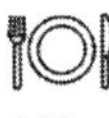
300 g

10 Min.

Mittel

Zutaten

300 ml Wasser
1 TL Natron
100 g Bastelkleber
5 EL Kontaktlinsenlösung
4 EL Wasser
Außerdem: thermochrome Farbpigmente

1 Bringen Sie 300 ml Wasser zum Kochen.

2 Rühren Sie das Natron in das kochende Wasser.

3 Lassen Sie es jetzt abkühlen.

4 Rühren Sie im Anschluss den Bastelkleber in das Wasser und kneten Sie den Slime kräftig mit den Händen durch.

5 Geben Sie jetzt die Kontaktlinsenlösung und 4 EL Wasser hinzu und kneten Sie den Slime noch einmal durch.

6 Kneten Sie nach Belieben die thermochromen Farbpigmente unter. Jetzt wird der Slime seine Farbe wechseln, sobald seine Temperatur steigt oder sinkt.

Tipp: Zusätzlich zu der Farbwechsel-Farbe können Sie weitere Lebensmittelfarbe in den Slime rühren.

FLOAM-SLIME

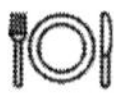
300 g

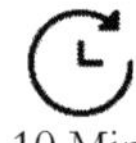
10 Min.

Leicht

Zutaten

300 g Bastelkleber
½ TL Backpulver
1 ½ TL Kontaktlinsenlösung
Nach Belieben: sehr kleine Schaumstoffkugeln

1 Fertigen Sie aus Bastelkleber, Backpulver und Kontaktlinsenlösung einen festen Slime an.

2 Kneten Sie ihn so lange, bis er sich von der Schüssel löst.

3 Erhöhen Sie nach Bedarf die Menge an Kontaktlinsenlösung.

4 Kneten Sie zum Abschluss die Schaumstoffkugeln unter. Nutzen Sie dabei jedoch nicht zu viele, damit der Slime an den Kugeln haften kann.

Tipp: Falls Sie etwas weniger Kugeln verwenden, bleibt er schön geschmeidig. Je mehr Kugeln Sie verwenden, desto fester wird er.

Slime für besondere Anlässe

GEBURTSTAGS-SLIME

Zutaten

1 großes Einmachglas
Geschenkband
1 Portion Slime

Außerdem:
2 bis 3 Tuben Lebensmittelfarbe
2 bis 3 Tüten Glitzer
1 Handvoll Konfetti

1 Geben Sie den Slime in das Einmachglas und verschließen Sie es fest.

2 Schmücken Sie es mit dem Geschenkband.

3 Legen oder stellen Sie es in einen Geschenkkarton und streuen Sie das Konfetti darüber.

4 Verteilen Sie jetzt die Lebensmittelfarbe, Glitzer und das Konfetti in dem Karton.

5 Verschenken Sie den Slime in dem Karton. Das Geburtstagskind kann sich jetzt aussuchen, wie der Slime aussehen soll, und dabei frei wählen, welches Material in den Slime geknetet werden soll.

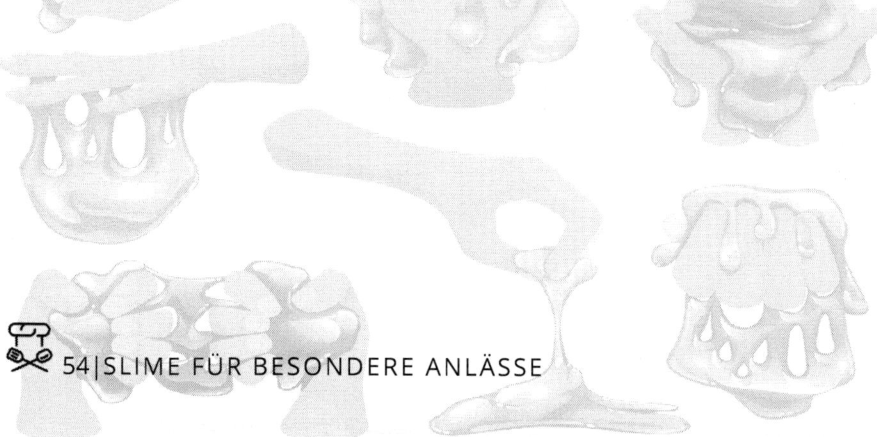

SLIME-PARTY

Zutaten

Eine große Menge Slime
Einige Schüsseln, Becher und weitere Gefäße
Konfetti, Pailletten, Glitzer, Styroporkugeln usw.

1 Verteilen Sie den Slime auf ausreichend verschließbare Gefäße, sodass jeder Party-Gast einen eigenen Slime hat.

2 Verteilen Sie Konfetti, Pailletten, Glitzer, Lebensmittelgarbe und andere Materialien für den Slime in kleine Schüsseln.

3 Dekorieren Sie diese Schüsseln gemeinsam auf dem Party-Tisch.

4 Jeder Party-Gast kann sich jetzt seinen Slime selbst zubereiten und sich an den Materialien bedienen.

5 Halten Sie dabei etwas Kontaktlinsenlösung und Natron bereit, falls der Slime dabei zu fest wird.

Geschenkideen mit Slime

SLIME-STRESSBALL

Zutaten

1 Portion Slime
Kleine Styroporkugeln
1 Luftballon
1 Obstnetz

1 Befüllen Sie einen Luftballon mit einer Handvoll Styroporkugeln.

2 Geben Sie anschließend mithilfe eines Teelöffels und Trichters Slime in den Ballon.

3 Der Ballon sollte gut gefüllt sein, damit er perfekt in eine Hand passt.

4 Knoten Sie ihn anschließend fest zu.

5 Stülpen Sie jetzt das Obstnetz um den Ballon. Überprüfen Sie, ob es eng genug gespannt ist, damit der Slime beim Zusammendrücken aus den einzelnen Teilen herausquillt. Verschließen Sie das Netz fest.

6 Nun ist der Slime-Stressball bereit zum Verschenken.

SLIME-TIERE

Zutaten

4 Portionen transparenter Slime
Nach Belieben: 4 verschiedene Lebensmittelfarben
Pappe und Papier zum Basteln
Buntstifte
Bastelkleber
4 Schraubgläser
4 Paare Wackelaugen (optional)
Pfeifenreiniger als Schnurrhaare (optional)

1 Färben Sie den Slime nach Belieben in verschiedene Farben ein.

2 Füllen Sie die 4 Slime-Portionen in 4 verschiedene Gläser.

3 Achten Sie dabei darauf, dass Sie Gläser verwenden, die Sie bis zum Rand mit Slime befüllen können.

4 Schneiden Sie aus der Pappe und dem Papier jetzt Ohren, Nase und ggf. Augen aus. Nutzen Sie dafür Farben, die zu dem jeweiligen Slime passen.

5 Kleben Sie die Ohren von hinten auf das Glas: Augen, Nase und Schnurrhaare kommen nach vorn.

6 Malen Sie die Tiere nach Belieben weiter aus oder zeichnen Sie Flecken, Ohren und Nase mit den Buntstiften.

BADESCHLEIM

Zutaten

1 Tasse Natron
½ Tasse Duschgel
Nach Belieben: Lebensmittelfarbe

1 Vermengen Sie Duschgel und Natron miteinander, bis ein fester Slime entsteht.

2 Färben Sie diesen nach Belieben mit Lebensmittelfarbe ein.

Tipp: Für einen Peeling-Effekt können Sie 1 TL Zucker zum Slime hinzufügen.

ÜBERRASCHUNGS-SLIME

Zutaten

1 großes Schraubglas
Geschenkband
Eine große Portion Slime
Nach Belieben: Lebensmittelfarbe
Außerdem: kleine Geschenke wie z. B. Schleich-Tiere, Sammelfiguren oder Ähnliches

1 Färben Sie den Slime nach Belieben ein. Verwenden Sie dafür entweder die Lieblingsfarbe des Beschenkten oder eine besonders dunkle Farbe, wenn die Überraschungen nicht zu sehen sein sollen.

2 Kneten Sie jetzt die kleinen Geschenke in den Slime ein.

3 Geben Sie den Slime in das Glas und verschließen Sie es fest.

4 Schmücken Sie das Glas mit etwas Geschenkband.

Tipp: Der Beschenkte hat nun die Aufgabe, seine kleinen Geschenke aus dem Slime herauszufischen.

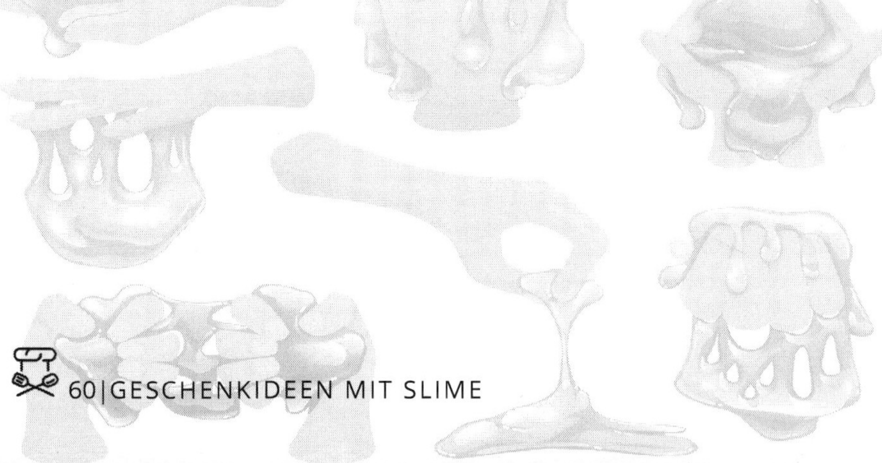